BEI GRIN MACHT SICH IHR
WISSEN BEZAHLT

- Wir veröffentlichen Ihre Hausarbeit,
  Bachelor- und Masterarbeit

- Ihr eigenes eBook und Buch -
  weltweit in allen wichtigen Shops

- Verdienen Sie an jedem Verkauf

Jetzt bei www.GRIN.com hochladen
und kostenlos publizieren

Bibliografische Information der Deutschen Nationalbibliothek:

Die Deutsche Bibliothek verzeichnet diese Publikation in der Deutschen National-bibliografie; detaillierte bibliografische Daten sind im Internet über http://dnb.d-nb.de/ abrufbar.

Impressum:

Copyright © 2017 GRIN Verlag
Druck und Bindung: Books on Demand GmbH, Norderstedt Germany
ISBN: 9783668885929

Dieses Buch bei GRIN:

https://www.grin.com/document/454882

Felix Dührsen

Die motorischen Fähigkeiten Kraft, Ausdauer, Beweglichkeit und Koordination im Kursbereich

GRIN Verlag

GRIN - Your knowledge has value

Der GRIN Verlag publiziert seit 1998 wissenschaftliche Arbeiten von Studenten, Hochschullehrern und anderen Akademikern als eBook und gedrucktes Buch. Die Verlagswebsite www.grin.com ist die ideale Plattform zur Veröffentlichung von Hausarbeiten, Abschlussarbeiten, wissenschaftlichen Aufsätzen, Dissertationen und Fachbüchern.

Besuchen Sie uns im Internet:

http://www.grin.com/

http://www.facebook.com/grincom

http://www.twitter.com/grin_com

Deutsche Hochschule für

Prävention und Gesundheitsmanagement

Hermann Neuberger Sportschule 3

66123 Saarbrücken

Einsendeaufgabe

Fachmodul: BFÖ

Studiengang: WS2016

Datum
Präsenzphase: 15.05.2017 bis 18.05.2017

Name, Vorname: Dührsen, Felix

Studienort: **Hamburg**

Semester: **1. Halbjahr (01. Januar bis 30. Juli)**

Inhaltsverzeichnis

1   Motorische Fähigkeiten im Kursbereich

Die motorischen Fähigkeiten Kraft, Ausdauer, Beweglichkeit und Koordination werden
häufig im Kursbereich trainiert. Im Rahmen der Einsendeaufgabe gehe ich im Folgenden auf alle vier Fähigkeiten ein und schaffe einen Transfer in die Gruppentrainingspra-
xis.

1.1   Kraft

Güllich und Krüger (2013, S. 467) definieren die sportmotorische Fähigkeit Kraft als
konditionelle Fähigkeit, bei der durch Muskelaktivität Widerstände ab 30 % der Maximalkraft bei konzentrischer Arbeitsweise überwunden, bei exzentrischer Arbeitsweise
nachgegeben oder bei statischer Arbeitsweise der Muskulatur gehalten werden.

Die Kraftfähigkeit wird in seinen Erscheinungsformen der Maximalkraft, der Schnellkraft, Reaktivkraft und der Kraftausdauer differenziert. Wobei die Maximalkraft als
Basis für alle weitere Kraftformen dient. Dabei handelt es sich bei der Maximalkraft um
die willkürlich maximal erbringbare Kraft durch das Zusammenspiel von Muskel und
Nerven. Die Schnellkraft kennzeichnet die Fähigkeit in möglichst kürzester Zeit größt-
mögliche Kraft zu generieren. Die Reaktivkraft ist hingegen die Fähigkeit größtmögli-
che Kraft innerhalb eines Dehnungs-Verkürzungs-Zyklus zu generieren. Und die Kraftausdauer kennzeichnet die Fähigkeit, die Abnahme der Muskelleistung möglichst gering
zu halten bei einer festen Kraftleistung und fester Wiederholungszahl oder Belastungs-
dauer (Güllich & Krüger, 2013, S. 486-490).

Im Kursbereich kann die Kraftfähigkeit beispielsweise mit der Übung Kniebeuge im
Stand verbessert werden. Aus dem aufrechten hüftbreiten Stand werden gleichzeitig die
Kniegelenke gebeugt und das Gesäß nach hinten verschoben. Anschließend werden die
Beine wieder gestreckt, bis man wieder in der Ausgangsposition angekommen ist. Bei
einer Belastung von 30 Wiederholungen mit drei Sätzen ohne Zusatzgewicht wird so die
Kraftausdauer in Gesäß- und Beinmuskulatur verbessert.
Mit der Übung Liegestütz kann bei 15 Wiederholungen mit drei Sätzen und ohne Zusatzgewicht die Kraftausdauer der Oberarmmuskulatur verbessert werden. Dafür startet
man in Bauchlage mit aufgestellten Füßen und Händen unterhalb der Schulter und
drückt den Boden von sich mit den Armen weg. Während des Abdrückens bis zur voll-
ständigen Streckung der Arme und dem darauffolgendem Wiederablegen in Ausgangs-

position wird der gesamte Körper in einer geraden Linie unter Muskelspannung gerade gehalten.

1.2 Ausdauer

Die Ausdauer wird ebenfalls als konditionelle Fähigkeit angesehen. Sie beeinflusst die Erholungsfähigkeit eines Trainierenden, verzögert die ermüdungsbedinge Leistungsabnahme unter Belastung und sichert die an die Belastung angepasste Energieversorgung des gesamten Organismus (Güllich & Krüger, 2013, S. 459).

Die Ausdauerfähigkeit lässt sich gemäß Güllich & Krüger (2013, S. 461) nach unterschiedlichen Kriterien weiter untergliedern. Nach dem Kriterium der Skelettmuskelarbeitsweise unterscheidet man dynamische Ausdauer, also Wiederstände überwindend oder nachgebend und statische Ausdauer, bei der ein Widerstand gehalten wird. Unter dem Kriterium der beanspruchten Muskulatur lässt sich in allgemeine Ausdauer und lokale Ausdauer unterscheiden. Allgemeine Ausdauer ist gekennzeichnet von Ausdauerleistungen unter Einsatz von mehr als 15 % der Gesamtmuskulatur. Lokale Ausdauer entsprechend bei Einsatz von weniger als 15 % der Gesamtmuskulatur. Unter dem Kriterium der Energiebereitstellung unterscheidet man in aerober Ausdauer und anaerober Ausdauer. Bei aerober Energiebereitstellung stehen Verbrauch und Aufnahme von Sauerstoff im Gleichgewicht und Belastungen können kontinuierlich über einen längeren Zeitraum durchgehalten werden, ohne dass dabei die Intensität abnimmt. Überwiegt der Sauerstoffverbrauch der Sauerstoffaufnahme, kommt es bei anaerober Energiebereitstellung zu einer erhöhten Blutlaktatkonzentration, welche die Muskelleistungsfähigkeit hemmt. Somit kann die Belastung nicht dauerhaft aufrechterhalten werden. Unter dem Aspekt der Zeitdauer einer Belastung unterscheidet man grob in Kurzzeitausdauer (KZA), Mittelzeitausdauer (MZA) und Langzeitausdauer (LZA). Belastungen zwischen 35 und 120 Sekunden werden der KZA zugeordnet. Belastungen zwischen zwei und zehn Minuten der MZA und Belastungen darüber der LZA.

Im Kursbereich kann die Ausdauer beispielsweise mit der Übung Hampelmann verbessert werden. Aus dem aufrechten Stand mit geschlossenen Beinen gestartet werden die Arme über dem Kopf zusammengeführt zum Klatschen und gleichzeitig die Beine im Sprung etwa schulterbreit geöffnet. Im direkt darauffolgenden Sprung wird die Ausgangsposition wieder eingenommen. Wird diese Übung 45 Sekunden lang durchgeführt, kann damit die allgemeine, dynamische und anaerobe Ausdauer, sowie die KZA verbessert werden. Mit der Übung Unterarmstütz kann ebenso bei 45-sekündiger Ausführung die allgemeine und anaerobe Ausdauer, sowie die KZA verbessert werden. Allerdings handelt es sich hierbei nicht um dynamische Ausdauer, sondern um statische Ausdauer. Für die Übungsausführung wird der Unterarmstütz eingenommen, wobei eine gerade Linie von Fuß bis Kopf gebildet wird und die Arme im 90-Gradwinkel zum Körper stehen. Diese Position wird unter aktiver Körperspannung statisch gehalten.

1.3 Beweglichkeit

Beweglichkeit ist die motorische Fähigkeit Bewegungen und Positionen eingeschränkt durch die anatomisch optimalen Schwingungsweiten gezielt und willkürlich auszuführen, beziehungsweise einzunehmen (Güllich & Krüger, 2013, S. 480).

Die Beweglichkeit ist beeinflusst durch eine Vielzahl an Faktoren. Es gibt anthropometrische Einflussfaktoren, wie Gelenkigkeit und Dehnfähigkeit, personenbezogene Einflussfaktoren, wie Geschlecht und Alter und äußere Einflussfaktoren, wie Temperatur und Ermüdungsgrad der Muskulatur.

Zur Dehnung der Nackenmuskulatur wird der aufrechte und feste Stand als Ausgangsposition gewählt. In der Ausführung wird der Kopf zur Seite geneigt. Der Blick bleibt nach vorne gerichtet. Die gegenüberliegende Schulter wird aktiv im Wechsel nach unten gezogen und wieder entspannt für eine aktiv-dynamische Dehnung. Zum Verlassen der Dehnung wird die gegenüberliegende Schulter in entspannter Position gehalten und der Kopf aufgerichtet.

Für eine passiv-statische Dehnung der seitlichen Rumpfmuskulatur wird gestartet im leichten Grätschstand. Die Hände werden maximal abgespreizt über dem Kopf, der Brustkorb und das Becken bleiben gerade, während der Oberkörper leicht zur Seite geneigt wird. Zusätzlich wird am gegenüber liegenden Arm mit dem anderen Arm gezogen. Zum Verlassen der Dehnposition wird der Oberkörper wieder aufgerichtet und die Arme gesenkt.

1.4 Koordination

Die motorische Fähigkeit Koordination wird aus Sicht der Sportmedizin allgemein als das „integrierte Zusammenwirken von Zentralnervensystem und Skelettmuskulatur innerhalb eines gezielten Bewegungsablaufs" verstanden (Güllich & Krüger, 2013, S. 483). Die Koordinationsfähigkeit lässt sich weiter differenzieren zwischen intramuskulärer Koordination und intermuskulärer Koordination.

Unter intramuskulärer Koordination versteht man die Koordination innerhalb eines Muskels, welche zu einer maximalen Kraftentfaltung führt. Entscheidend dafür ist das Zusammenspiel von Nerven und Muskelfasern. Umso mehr Muskelfasern nerval angesteuert und aktiviert werden, desto größer ist die Kraftentfaltung innerhalb eines Muskels (Zägelein, 2013, S. 222).

Unter intermuskulärer Koordination hingegen versteht man die Koordination zwischen zwei oder mehr Muskeln untereinander, also die gezielte Abstimmung von Agonisten, Antagonisten und Synergisten innerhalb eines Bewegungsablaufes. Umso besser die Abstimmung zwischen den an einer Bewegung beteiligten Muskeln ist, desto geringer fällt der Energieverbrauch für eine bestimmte Handlung aus, wobei der Bewegungsablauf gleichzeitig optimiert wird (Zägelein, 2013, S. 222).

Zur Verbesserung der Koordination im Kursbereich eignen sich Übungen, die die Abstimmung zwischen verschiedenen Muskelgruppen erfordert. So zum Beispiel bei der Übung diagonales Arm- und Beinheben in der Bauchlage. Aus der Bauchlage heraus werden Arme und Beine lang gestreckt. Rechter Arm und linkes Bein werden im Wechsel mit dem linken Arm und dem rechten Bein nach oben in Richtung Decke angehoben und anschließend wieder gesenkt. Arm und Bein bewegen sich gleichzeitig. Eine Grundspannung bleibt im Rumpf erhalten. Mit dieser Übung werden neben der Rückenmuskulatur gleichzeitig Schulter- und Oberschenkelmuskulatur koordinativ trainiert.

Eine weitere Übung zur Verbesserung der intermuskulären Koordination ist der bereits vorgestellte Hampelmann. Gleichzeitiges Arme über dem Kopf zusammenklatschen und Beine spreizen in einem Sprung erfordert die koordinative Abstimmung von Arm- und Beinmuskulatur, ebenso wie der darauffolgende Rücksprung zurück in die Ausgangsposition, dem aufrechten Stand mit geschlossenen Beinen.

2 Externe Bedingungen einer Kurseinheit

Da vor der inhaltlichen Planung diverse Bedingungen, aufgrund ihres Einflusses auf die Qualität der zu planenden Kursstunde, zu beachten sind, werde ich im Rahmen der Einsendeaufgaben die generellen Auswirkungen anhand jeweils zweier Beispiele beschreiben.

2.1 Rahmenbedingungen

Unter den Rahmenbedingungen sind die Faktoren Räumlichkeit, Ausstattung, sowie Tageszeit und Klima zu verstehen.

Ist beispielsweise ein Kursraum mit großen Fenstern gegeben, so sollte bei der Kursplanung mit berücksichtigt werden, dass abhängig von der Tageszeit entsprechend wenig oder viel Licht in den Raum einfällt. Ist es draußen bereits zu dunkel, muss mit künstlicher Beleuchtung für die optimale Helligkeit gesorgt werden. Sollte es draußen sehr hell sein, muss damit gerechnet werden, dass das Licht eventuell blendet und die Kursteilnehmer und letztendlich den Kurs stört. In diesem Fall muss der Kursleiter in der Kursvorbereitung die Gardinen im Kursraum zuziehen, um das Licht zu blockieren.

Ist andererseits ein Kursraum nicht mit dem passenden Material ausgestattet, wie beispielsweise mit Gymnastikmatten, sollte dies bei der Übungswahl mitberücksichtigt werden. Denn in diesem Fall können Übungen am Boden nur bedingt eingebaut werden, also wenn sie schmerzfrei durchführbar sind. Zum Beispiel Bauchaufzüge aus der Rückenlage wären auf hartem Untergrund ungeeignet, aufgrund der Schmerzen, die in der Ausführung durch das Reiben und Stoßen der Wirbel gegen den Boden entstehen.

2.2 Zielgruppe

Hinsichtlich der Zielgruppe sind in erster Linie die Gruppengröße, Altersstruktur und Geschlecht der Teilnehmer, sowie Leistungslevel zu berücksichtigen.

Insbesondere der Leistungslevel der Teilnehmer beeinflusst die Kursplanung. Übungsauswahl und Belastungsgefüge unterscheiden sich zwischen Anfängern und Fortgeschrittenen. Hier sind besonders die methodischen Grundsätze zu beachten. Anfänger beginnen zum Lernen mit leichteren und einfacheren Übungen. Während Fortgeschrittene schwerere und komplexere Übungen durchführen können und sollten, damit sie Trainingsfortschritt haben und sich nicht langweilen.

Schwere und komplexe Übungen sind darüber hinaus, besser mit kleineren Gruppen durchzuführen, da dann eine bessere Betreuung gewährleistet werden kann. Auf diese Weise können Verletzungen und Fehlerbilder verhindert werden. In einer unüberschaubar großen Gruppe sollten entsprechend komplexe und schwierige Übungen vermieden

werden. Auf diese Weise hat auch die Gruppengröße Auswirkungen auf die Übungsauswahl.

2.3 Zielsetzung

Die Zielsetzung ist für die Kursinhalte entscheidend, da sich an ihr die Übungsauswahl
und Gestaltung der Kurseinheit orientiert. Die Zielsetzung formuliert, was mit den Teilnehmern durch den Kurs und während des Kurses erreicht werden soll. Somit ist an
dieser Stelle zwischen langfristigen, mittelfristigen und kurzfristigen Zielen zu differenzieren. Zu beachten ist der Zusammenhang zwischen Zielsetzung und Zielgruppe, beziehungsweise den Teilnehmern. Aufgrund der verschiedenen individuellen Vorausset-
zungen und persönlichen Zielen einer Zielgruppe sind die Zielsetzung und damit die
Inhaltsgestaltung daran anzupassen.

Die langfristige Zielsetzung ist in der unterschiedlichen Orientierung im Kursangebot
erkennbar. Vergleicht man einen kraftorientierten Kurs mit einem ausdauerorientiertem
Kurs, wird anhand der Übungswahl klar, wo die Zielsetzung liegt. In einem kraftorientiertem Kurs, wie einem Langhantelkurs, wird mit Übungen wie Kniebeugen die Kraftleistung der Teilnehmer verbessert. Die langfristige Zielsetzung ist hier also die Verbesserung der Kraftleistung. Im Gegensatz zu einem Cycling Kurs, in dem bei verschiedenen Strecken, die Verbesserung der Ausdauerleistung im Fokus steht.

Die kurzfristige Zielsetzung findet sich beispielsweise im kraftorientiertem Langhantelkurs wieder, wenn eine neue Technik wie die Frontkniebeuge, erlernt wird. Kurzfristig
baut der Teilnehmer durch das Techniktraining zwar keine Muskeln auf, da hierbei bei
minimaler Ermüdung kein trainingswirksamer Reiz für die Muskulatur gesetzt wird,
jedoch dient die Technikvariation dem langfristigen Muskelaufbau durch Variation. Die
kurzfristige Zielsetzung einer Kurseinheit kann also das Erlernen einer neuen Technik
beinhalten.

3   Kursplananalyse

Als Erstes ist aus organisatorischer Sicht zu bemängeln, dass die Uhrzeiten uneinheit-
lich gegliedert angegeben sind. Die Uhrzeitenblöcke beinhalten teilweise eine halbe
Stunde, teilweise eine Stunde und teilweise zwei Stunden, was sehr zur Verwirrung der
Kunden beitragen kann. Auf dem ersten Blick lässt sich zusätzlich vermuten, dass beispielsweise am Montagabend nach dem Pumping Kurs der Cross Fit Kurs stattfindet

und man beide Kurse hintereinander besuchen könnte. Doch mit Blick auf die Uhrzeitangaben in der Spalte ganz links, wird erkennbar, dass es mindestens zwei Kursräume geben muss, in denen die Kurse zeitweise parallel ablaufen. Die Uhrzeiten sollten zu Gunsten der Übersicht einheitlicher und einfacher gegliedert werden.

So kommen wir auch schon zum zweiten Kritikpunkt aus organisatorischer Sicht. Es ist nicht ersichtlich wie viele Kursräume es gibt, wo diese sind, beziehungsweise, welcher Kurs in welchem Raum stattfindet. Und ob festgelegt ist, wo ein Kurs stattfindet oder ob dies wechselt. Zur besseren Orientierung eines Studiobesuchers wäre es vorteilhaft, den Kursraum anzugeben, damit auch spontane Kunden rechtzeitig beim richtigen Kurs teilnehmen können. Sollte für die jeweiligen Kurse der Kursraum wechseln, sollte bei ordentlichem, beziehungsweise regelmäßigem Wechsel dies mit angegeben werden, um den Kunden mehr Übersicht und Sicherheit zu verschaffen. Bei unregelmäßigen Wechsel, sollte im Pro und Contra, unter anderem hinsichtlich Gruppen- und Raumgröße, Kursinhalt, Kunden- und Unternehmernutzen, sowie das verwendetes Material und der dazugehörigen logistische Aufwand zum Transport diskutiert werden.

Zuletzt ist aus organisatorischer Sicht zu bemängeln, dass der Fit ab 50 Kurs mit dem Startzeitpunkt 9:00 Uhr angeben ist. Sollte der Kurs tatsächlich um 9:00 Uhr beginnen, überschneidet sich dies mit den studiospezifischen Öffnungszeiten, da das Studio nach eigenen Angaben um 9:00 Uhr öffnet. Dies würde für die Teilnehmer Stress bedeuten, der der Zielgruppe ab 50 Jahren Alter nicht zuzumuten ist. Zu empfehlen wäre an dieser Stelle folgendes. Auf Grund dessen, dass scheinbar 2 Kursräume zur Verfügung stehen ist zu überlegen, ob der Fit ab 50 Kurs ebenfalls um 9:30 Uhr starten sollte. Dies würde für die Teilnehmer bedeuten, sie hätten mehr Zeit sich umzuziehen und sozialen Aktivitäten nachzugehen. Der Vorteil für Mitarbeiter und Unternehmen liegt in weniger gestressten und infolge dessen potenziell zufriedeneren Kunden und damit auch zufriedeneren Mitarbeitern, die weniger Beschwerden bearbeiten müssen.

Auch aus trainingswissenschaftlicher Sicht sind an dem vorliegenden Kursplan Optimierungen möglich. Zuerst stellt sich die Frage nach der konkreten Zielgruppe des Zirkeltraining Kurses am Montag und des Zirkeltraining Kurses am Freitag. Positiv zu bewerten, ist die Trainingspause von zwei bis drei Tagen zwischen den Einheiten, jedoch werden beide Einheiten an verschiedenen Uhr- und Tageszeiten angeboten. Aus dem Grunde liegt ein Mangel in der Umsetzung der Trainingsprinzipien zum langfristigen

Trainingserfolg vor. Sprich in der tatsächlich möglichen Trainingskontinuität bei regelmäßiger Belastung (Güllich & Krüger, 2013, S.447-449)

Es ist also beispielsweise schwierig für einen Kunden, bei einer 48-Stunden-Arbeitswoche mit festen Arbeitszeiten, beide Termine wahrzunehmen. Er kann also nur einmal pro Woche beim Zirkeltraining Kurs teilnehmen. Langfristiger Trainingserfolg und Trainingsfortschritt ist also nicht möglich.

Diese Problematik stellt sich ähnlich beim Aerobic Kurs, sowie den nur einmal pro Woche angebotenen Kursen Fit ab 50, Fit&Fun, Cycling, Body Forming und dem Freitagmorgens Cross-Fit Workout.

Als zweiter Aspekt aus trainingswissenschaftlicher Sicht ist die Möglichkeit des Trainingserfolges und Trainingsfortschrittes, hinsichtlich der Trainingsprinzipien des trainingswirksamen Reizes und der progressiven Belastungssteigerung, zu hinterfragen (Güllich & Krüger, 2013, S.447-449). Anlass dazu ist die fehlende Angabe von Leistungsstufen für die angebotenen Kurse.

Beispielsweise für den Aerobic Kurs sollte angeben werden, ob es sich dabei um einen für Anfänger geeigneten Kurs handelt oder ob es sich um einen fortgeschrittenen Kurs handelt, in dem ein Anfänger oder Neueinsteiger überfordert wäre, da die Übungen noch zu komplex und damit zu anspruchsvoll sind.

Aus wirtschaftlicher Sicht ist klar zu bemängeln, dass die Auslastung der Kursräume zu gering ist. Am Dienstag und Donnerstag werden vormittags keine Kurse angeboten und in der gesamten Woche lediglich zwölf Kurse. Insgesamt entspricht dies im Durchschnitt 1 Kurs/Tag/Raum. Die Zeit, in der die Kursräume genutzt werden, im Verhältnis zur der Zeit, die das Studio insgesamt geöffnet ist, beträgt 30% (35 Stunden/10,5 Stunden = 0,3). Es ist also noch Potenzial für Auslastung da. So könnten für eine optimale Auslastung Kurse immer von 9:30 Uhr und/oder 10:30 Uhr, sowie 16:30 Uhr, 17:30 Uhr und 18:30 Uhr und am Samstag zusätzlich um 14:30 Uhr ein Wochenendkurs stattfinden.

Tab.1: Kursplanbeispiel zur Kursplananalyse (eigene Darstellung)

Uhrzeit	Montag	Dienstag	Mittwoch	Donnerstag	Freitag	Samstag
9:00			Fit ab 50			
10:00						
9:30	Zirkeltraining		Aerobic		Cross-Fit	
10:30					Workout	
12:00	Mo.,Mi., Fr.: von 9:00 bis 12:00 und 16:00 bis 20:00					
14:00	Di.,Do.: von 10:00 bis 12:00 und 16:00 bis 20:00					
16:00	Samstag: von 14:00 bis 16:00					
17:00						
18:30	Aerobic	Fit&Fun	Cross-Fit	Body Form-	Zirkeltraining	
19:30			Workout	ing		
18:30	Cross-Fit	Cycling			Cross-Fit	
19:30	Workout				Workout	

4 Planung einer Wirbelsäulengymnastik

Im Rahmen der Einsendeaufgabe, ist ein mindestens 45-minütiger Wirbelsäulengymnastikkurs zu planen. Schwerpunkt des Kurses ist die Kräftigung der rumpfstabilisierenden Muskulatur. Bevor die eigentliche Kursstunde geplant wird, sind externe Bedingungen des Kurses zu definieren.

4.1 Zielgruppe

Zielgruppe der geplanten Wirbelsäulengymnastik (WSG) sind leistungstrainierende Kickboxer im Alter von 14 bis 25 Jahren. Diese Gruppe von 18 wettkampforientierten Kickboxsportlern ist gemischt aus männlichen und weiblichen Teilnehmern, wobei der Anteil der männlichen Kickboxer überwiegt. Zu den Vorkenntnissen ist zu sagen, dass sie alle mindestens vier Einheiten pro Woche wettkampfspezifisch trainieren. Ziel der WSG ist für diese Gruppe der Ausgleich zur wettkampfspezifischen Belastung.

4.2 Material

Für die geplante WSG werden die in der folgenden Tabelle aufgelisteten Materialen benötigt. Es werden keine gesonderten Gymnastikmatten benötigt, da der Kurs in einem Raum, der mit komplett mit Matten ausgelegt ist, stattfindet.

Tab.2: Materialliste (eigene Darstellung)

Material	Anzahl
Medizinball (3-5 kg)	9
Gymnastikhanteln (1,5 kg)	36

4.3 Stundenplanung

Die Warm-up Phase hat übergeordnet das Ziel der Mobilisation aller Wirbelsäulenbereiche. Begonnen wird mit der Mobilisation der Halswirbelsäule (HWS), gefolgt von der Brustwirbelsäule (BWS) und zuletzt der Lendenwirbelsäule (LWS). Alle Mobilisationsübungen werden im leichten Grätschstand durchgeführt. Dabei wird Wert auf langsame und kontrollierte Bewegungen gesetzt unter bewusster tiefer Atmung. Abschließend wird mit einer Medizinballübung die Vorbereitung zu den Kräftigungsübungen gesetzt und gleichzeitig die Freude und Motivation durch den spielerischen Charakter der Übung angehoben.

Im Hauptteil steht die Kräftigung der Rumpfmuskulatur im Fokus. Und im Cool-down wird analog zum Warm-up gedehnt.

Tab.3: Stundenplanung Warm-up (eigene Darstellung)

Warm-up (10 Minuten)				
Ziel der Übung	Bezeichnung der Übung	Übungsbeschreibung	Belastungsgefüge	Bemerkungen/Hinweise
Mobilisation HWS	Kopfnicken im leichten Grätschstand	Beim Einatmen Kinn an die Brust führen Beim Ausatmen Blick und Kopf wieder nach vorne aufrichten	20 Wiederholungen	Aufrechter und fester Stand Knie leicht angewinkelt Tiefe und ruhige Atmung
Mobilisation HWS	Kopfseitneigung im leichten Grätschstand	Beim Einatmen Ohren im Wechsel links und rechts auf die Schultern legen Beim Ausatmen Blick und Kopf wieder nach vorne aufrichten	20 Wiederholungen	Aufrechter und fester Stand Knie leicht angewinkelt Tiefe und ruhige Atmung
Mobilisation HWS	Kopfrotation im leichten Grätschstand	Beim Einatmen Blick abwechselnd über linke und rechte Schulter richten Beim Ausatmen Blick und Kopf wieder nach vorne aufrichten	20 Wiederholungen	Aufrechter und fester Stand Knie leicht angewinkelt Tiefe und ruhige Atmung
Mobilisation BWS	Arme heben im leichten Grätschstand	Beim Einatmen Arme bis hinter den Kopf anheben und Brustkorb dabei öffnen Beim Ausatmen Arme kraftvoll bis hinter das Gesäß absenken	20 Wiederholungen	Aufrechter und fester Stand Knie leicht angewinkelt Tiefe und ruhige Atmung Arme bleiben gestreckt

Mobilisation BWS	Arme öffnen im leichten Grätschstand	Handflächen zuerst vor der Brust zusammenlegen Beim Einatmen Arme zur Seite rausstrecken bis hinter die Schultern, Schulterblätter schließen und Brustkorb öffnen Beim Ausatmen Handflächen wieder zusammenführen in die Ausgangsposition	20 Wiederholungen	Aufrechter und fester Stand Knie leicht angewinkelt Tiefe und ruhige Atmung Arme bleiben gestreckt
Mobilisation BWS	Oberkörperrotation im leichten Grätschstand	Die Arme werden in U-Haltung parallel zum Boden angehoben und gehalten Beim Einatmen werden die Arme bis 90° im Wechsel links und rechts durch Oberkörperrotation gedreht Der Blick folgt den Armen Beim Ausatmen wird wieder zurück in die Ausgangsposition rotiert	20 Wiederholungen	Aufrechter und fester Stand Knie leicht angewinkelt Tiefe und ruhige Atmung Der Blick folgt den Armen Hüfte bleibt fest Spannung im Bauch
Mobilisation BWS	Oberkörperlateralflexion im leichten Grätschstand	Die Arme liegen eng am Körper an Beim Einatmen wird im Wechsel links und rechts der Oberkörper zur Seite geneigt Der Arm der gleichen Seite gleitet dabei am Bein herunter Beim Ausatmen wird der Oberkörper wieder aufgerichtet in die Ausgangsposition	20 Wiederholungen	Aufrechter und fester Stand Knie leicht angewinkelt Tiefe und ruhige Atmung Hüfte bleibt fest Spannung im Bauch
Mobilisation LWS	Hüftrollen im leichten Grätschstand	Ausgangsposition ist ein leicht gebeugter, schulterbreiter Stand mit ausgestrecktem Gesäß Beim Einatmen wird die Hüfte aktiv eingerollt und nach oben gezogen Beim Ausatmen wird das Gesäß wieder nach hinten ausgestreckt in die Ausgangsposition	20 Wiederholungen	Fester Stand mit leicht vorgebeugtem Oberkörper Knie angewinkelt Hände an der Hüfte Tiefe und ruhige Atmung Spannung im Bauch
Mobilisation und Stabilisation des Rumpfes	Medizinball weiterreichen mit Partner	Partnerweise stehen die Teilnehmer mit etwas Abstand Rücken an Rücken zueinander Mit nach vorne ausgestreckten Armen wird ein Medizinball gehalten und an den Partner weitergereicht Die vollzogene Bewegung entspricht der Oberkörperrotation im leichten Grätschstand Auf Signal des Kursleiters wird ein Richtungswechsel vollzogen und der Ball wird in die andere Richtung weitergereicht Zur Erhöhung der Schwierigkeit wird der Ball auf Signal über dem Kopf, wie bei der Übung Arme heben im leichten Grätschstand, an den Partner weitergereicht	3-4 Minuten	Aufrechter und fester Stand Knie leicht angewinkelt Tiefe und ruhige Atmung Der Blick folgt den Armen Hüfte bleibt fest Spannung im Bauch Schnelle und korrekte Reaktion auf die Signale des Kursleiters

Tab.4: Stundenplanung Hauptteil (eigene Darstellung)

Hauptteil (30 Minuten)

Ziel der Übung	Bezeichnung der Übung	Übungsbeschreibung	Belastungsgefüge	Bemerkungen/Hinweise
Kräftigung der rumpfstabilisierenden Muskulatur	Unterarmstütz	In der Unterarmstützposition wird eine gerade Linie von Fuß bis Kopf gebildet. Die Arme sind im 90-Gradwinkel zum Körper angewinkelt. Diese Position wird unter aktiver Körperspannung statisch gehalten	3 Sätze 45 Sekunden (s) aktiv 15 s Pause 60 s Pause nach der Übung	Übergang zum Boden rückenfreundlich über den Kniestand und Vierfüßlerstand gestalten Kontinuierliche Atmung Blick nach unten, so dass die HWS eine Verlängerung der Wirbelsäule bildet
Kräftigung der rumpfstabilisierenden Muskulatur	Unterarmstütz mit diagonalem Arm- und Beinheben	Unterarmstützposition wird gehalten. Rechter Arm und linkes Bein werden im Wechsel mit linkem Arm und rechtem Bein zur Decke angehoben und gesenkt. Die Rumpfbewegung ist dabei möglichst gering zu halten	3 Sätze 45 s aktiv 15 s Pause 60 s Pause nach der Übung	Kontinuierliche Atmung Blick nach unten, so dass HWS eine Verlängerung der Wirbelsäule bildet
Kräftigung der rumpfstabilisierenden Muskulatur	Rückenaufzug aus der Bauchlage	Arme und Beine sind gestreckt in Bauchlage. Gleichzeitig werden Arme und Beine zur Decke angehoben und wieder gesenkt. Je nach individuellem Belastungsempfinden können im zweiten und dritten Satz eine oder zwei Hanteln verwendet werden	3 Sätze 45 s aktiv 15 s Pause 60 s Pause nach der Übung	Kontinuierliche Atmung Blick nach unten, so dass die HWS eine Verlängerung der Wirbelsäule bildet Oberkörper wird aufgerichtet mit Kraft aus dem Rücken Individuelle Belastungssteigerung
Kräftigung der rumpfstabilisierenden Muskulatur	Diagonalem Arm- und Beinheben aus der Bauchlage	Ausgangsposition wie bei voheriger Übung. Rechter Arm und linkes Bein werden im Wechsel mit linkem Arm und rechtem Bein zur Decke angehoben und gesenkt. Grundspannung bleibt im Rumpf erhalten. Je nach individuellem Belastungsempfinden können im zweiten und dritten Satz die Hanteln verwendet werden	3 Sätze 45 s aktiv 15 s Pause 60 s Pause nach der Übung	Kontinuierliche Atmung Blick nach unten, so dass die HWS eine Verlängerung der Wirbelsäule bildet Individuelle Belastungssteigerung

Kräftigung der rumpf-stabilisie-renden Muskulatur und der oberflächli-chen Rü-ckenmusku-latur	Statischer Rückenauf-zug aus der Bauchlage mit engem statischem Rudern	Ausgangsposition wie bei vorhe-riger Übung Beine und Oberkörper werden Richtung Decke angehoben Die Ellenbogen werden seitlich am Körper nach oben zur Decke gezogen Die Fäuste sind geschlossen über dem Boden eng am Brust-korb anliegend und die Schul-terblätter werden zusammenge-zogen Diese Position wird statisch gehalten	3 Sätze 45 s aktiv 15 s Pause 60 s Pause nach der Übung Je nach individuel-lem Belastungs-empfinden können im zweiten und dritten Satz die Hanteln verwendet werden	Oberkörper wird aufgerichtet mit Kraft aus dem Rücken Kontinuierliche Atmung Blick nach unten, so dass die HWS eine Verlängerung der Wirbelsäule bildet
Kräftigung der rumpf-stabilisie-renden Muskulatur und der oberflächli-chen Rü-ckenmusku-latur	Statischer Rückenauf-zug aus der Bauchlage mit Latzug	Ausgangsposition wie bei vorhe-riger Übung Arme und Beine werden zur Decke angehoben Diese Position wird statisch gehalten Während des Haltens wird eine Latzugbewegung, bei der die Ellenbogen an den Körper her-angezogen werden, ausgeführt Die Unterarme bleiben dabei parallel zum Körper	3 Sätze 45 s aktiv 15 s Pause 60 s Pause nach der Übung Je nach individuel-lem Belastungs-empfinden können im zweiten und dritten Satz die Hanteln verwendet werden	Oberkörper wird aufgerichtet mit Kraft aus dem Rücken Ausatmung bei konzentrischer Armbewegung Einatmung bei exzentrischer Armbewegung Blick nach unten, so dass die HWS eine Verlängerung der Wirbelsäule bildet Individuelle Belas-tungssteigerung
Kräftigung der Hüftstrecker	Hüftheben in Rückenla-ge	In Rückenlage sind beide Beine angewinkelt aufgestellt Das Becken wird gehoben bis Knie, Bauch und Schultern eine gerade Linie bilden und wieder abgesenkt ohne, dass der Po den Boden berührt	2 Sätze 45 s aktiv 15 s Pause 60 s Pause nach der Übung	Wechsel in Rü-ckenlage über die Seite Ausatmung bei konzentrischer Bewegung Einatmung bei exzentrischer Bewegung
Kräftigung der Hüftstrecker	Hüftheben mit gestreck-tem Bein in Rückenlage	In Rückenlage sind die Beine angewinkelt aufgestellt In jedem Satz ist ein anderes Bein gestreckt und die Knie bleiben dabei nebeneinander Das Becken wird gehoben bis Knie, Bauch und Schultern eine gerade Linie bilden und wieder abgesenkt ohne, dass der Po den Boden berührt	2 Sätze pro Seite 45 s aktiv 15 s Pause 60 s Pause nach der Übung	Ausatmung bei konzentrischer Bewegung Einatmung bei exzentrischer Bewegung

Tab.5: Stundenplanung Cool-down (eigene Darstellung)

Cool-down (10 Minuten)				
Ziel der Übung	Bezeichnung der Übung	Übungsbeschreibung	Belastungsgefüge	Bemerkungen/Hinweise
Dehnung LWS	Dehnung der Hüftbeugemuskulatur im Kniestand	Im Wechsel wird der Körperschwerpunkt nach hinten und vorne verlagert für eine aktiv dynamische Dehnung	10 Wiederholungen pro Seite	Übergang in den Kniestand rückenfreundlich über die Seite gestalten Das Becken ist abgesenkt Der Oberkörper ist aufrecht Hände stützen an der Hüfte
Dehnung BWS	Oberkörperrotation im leichten Grätschstand	Bewegungsausführung wie im Warm-up Die Endposition wird für einen weiteren Atemzug gehalten	10 Wiederholungen	Übergang aus Kniestand rückenfreundlich durch Aufstützen am Knie Aufrechter und fester Stand Knie leicht angewinkelt Tiefe und ruhige Atmung Der Blick folgt den Armen Hüfte bleibt fest Spannung im Bauch
Dehnung BWS	Oberkörperlateralflexion im leichten Grätschstand	Bewegungsausführung wie im Warm-up Die Endposition wird für einen weiteren Atemzug gehalten	10 Wiederholungen	Aufrechter und fester Stand Knie leicht angewinkelt Tiefe und ruhige Atmung Hüfte bleibt fest Spannung im Bauch
Dehnung BWS	Arme heben im leichten Grätschstand	Bewegungsausführung wie im Warm-up Die Endposition wird für einen weiteren Atemzug gehalten	10 Wiederholungen	Aufrechter und fester Stand Knie leicht angewinkelt Tiefe und ruhige Atmung Arme bleiben gestreckt
Dehnung BWS	Arme öffnen im leichten Grätschstand	Bewegungsausführung wie im Warm-up Die Endposition wird für einen weiteren Atemzug gehalten	10 Wiederholungen	Aufrechter und fester Stand Knie leicht angewinkelt Tiefe und ruhige Atmung Arme bleiben gestreckt
Dehnung HWS	Kopfrotation im leichten Grätschstand	Bewegungsausführung wie im Warm-up Die Endposition wird für einen weiteren Atemzug gehalten	10 Wiederholungen	Aufrechter und fester Stand Knie leicht angewinkelt Tiefe und ruhige Atmung
Dehnung HWS	Kopfseitneigung im leichten Grätschstand	Bewegungsausführung wie im Warm-up Die Endposition wird für einen weiteren Atemzug gehalten	10 Wiederholungen	Aufrechter und fester Stand Knie leicht angewinkelt Tiefe und ruhige Atmung
Dehnung HWS	Kopfnicken im leichten Grätschstand	Bewegungsausführung wie im Warm-up Die Endposition wird für einen weiteren Atemzug gehalten	10 Wiederholungen	Aufrechter und fester Stand Knie leicht angewinkelt Tiefe und ruhige Atmung

4.4 Begründung

Grundsätzlich finden alle Übungen des Hauptteils am Boden statt. Hier ist hinsichtlich der rückenfreundlichen Positionswechsel, nur der Wechsel zu Warm-up und Cool-down zu berücksichtigen. Alle acht Übungen im Hauptteil lassen sich in drei Übungsblöcke einteilen. Jeder Block beginnt mit der einfachsten Basisausführung einer Übung. Aufbauend auf diese Basisübung folgen komplexere Übungsvariationen mit erhöhtem Schwierigkeitsgrad. Auf diese Weise erfolgt die Reihenfolge immer vom Einfachen zum Komplexen, vom Leichten zum Schweren und vom Bekannten zum Unbekannten. Dieses Vorgehen soll den maximalen Lernerfolg bei den Teilnehmern garantieren.

Der erste Block, beginnend mit dem Unterarmstütz, dient primär der Kräftigung der vorderseitigen Rumpfmuskulatur. Die zweite Übung dieses Blockes Unterarmstütz mit diagonalem Arm- und Beinheben ist eine koordinativ anspruchsvollere Variante des Unterarmstützes und beinhaltet durch die längeren Hebel durch Arme und Beine eine Belastungssteigerung innerhalb des Blockes.

Im Wechsel zum nächsten Block bleiben die Teilnehmer in der Bauchlage. Der zweite Block dient primär der Kräftigung der rückseitigen Rumpfmuskulatur und ergänzend der oberflächlichen Rückenmuskulatur. Begonnen wird mit dem Rückenaufzug, der einfachsten Übungsvariante. Analog zum ersten Block folgt die Übungsvariante mit diagonalem Arm- und Beinheben. Die nächsten zwei Übungen Rückenaufzug mit engen statischen Rudern und Rückenaufzug mit Latzug stellen eine Belastungssteigerung durch den Einsatz zusätzlicher Muskelgruppen dar. Wie der tabellarischen Darstellung zu entnehmen ist, kann hier die Belastung wie bei der Basisübung zusätzlich durch den Einsatz von Gymnastikhanteln gesteigert werden. Trainingsspezifisch ist dieser Übungsblock für die Zielgruppe der Kickboxer besonders wertvoll, da er Muskelgruppen anspricht, die im regelmäßigen Training vernachlässigt werden.

Im Wechsel zum letzten Übungsblock gehen die Teilnehmer aus der Bauchlage in die Rückenlage. Der letzte Übungsblock dient primär der Kräftigung der Hüftstreckmuskulatur und ergänzend der Autostabilisation in der Rumpfmuskulatur. In der Basisübung Hüftstrecker mit beiden Beinen am Boden werden erneut die Grundlagen vermittelt, auf welche in der Folgeübung aufgebaut werden kann. Das gestreckte Bein in der Folgeübung verursacht einen längeren Hebelarm und erzeugt so die Belastungssteigerung zur Basisübung.

5 Literaturverzeichnis

Güllich, A. & Krüger, M. (2013). *Sport. Das Lehrbuch für das Sportstudium* (Bachelor, 1. Aufl.). Berlin, Heidelberg: Springer Berlin Heidelberg. Verfügbar unter http://dx.doi.org/10.1007/978-3-642-37546-0

Zägelein, W. (2013). *Move for Life. Gesund durch Bewegung* (SpringerLink). Berlin: Springer Spektrum. Verfügbar unter http://dx.doi.org/10.1007/978-3-642-37643-

6 Tabellenverzeichnis

BEI GRIN MACHT SICH IHR WISSEN BEZAHLT

- Wir veröffentlichen Ihre Hausarbeit,
  Bachelor- und Masterarbeit

- Ihr eigenes eBook und Buch -
  weltweit in allen wichtigen Shops

- Verdienen Sie an jedem Verkauf

Jetzt bei www.GRIN.com hochladen
und kostenlos publizieren